AF312371

Entourage composé par Salomon Bernard. Lyon, 1558.

BERNARD VEUILLOT

IMPRIMERIE PILLET ET DUMOULIN
Rue des Grands-Augustins, 5, à Paris.

SOUS LA FIGURE DE L'AIGLE AU NIMBE CRUCIFÈRE, RETIRE L'AME FIDÈLE
DES SÉDUCTIONS DU MONDE
Gravure sur bois du *Cantique des cantiques*, quinzième siècle.

BERNARD VEUILLOT

L'*Univers* du 2 juin 1886 paraissait encadré de deuil, pour annoncer à ses lecteurs une consternante nouvelle. Voici dans quels termes il leur en faisait part :

Un coup d'une soudaineté cruelle vient de frapper au cœur notre très cher rédacteur en chef, M. Eugène Veuillot. Le second de ses trois fils, Bernard, qui terminait ses études chez les PP. jésuites, au collège anglais de Canterbury, est mort ce matin, après quelques heures de souffrance, sans que rien fît pré-

1

voir un pareil malheur. Il a pu, avant de mourir, recevoir les derniers sacrements.

C'est tout ce que nous apprend la fatale dépêche arrivée tantôt, et contenant l'annonce de ce deuil irréparable. Hier matin, Bernard Veuillot, plein de vie, écrivait à son père une de ces lettres charmantes qu'il avait accoutumé d'envoyer aux siens, et où son cœur de fils se montrait tout entier, avec les rares qualités qui en faisaient l'ornement.

A dix-huit ans, en effet, bien que possédant déjà une maturité fort au-dessus de son âge, il gardait cet inappréciable don de la spontanéité naïve qui est proprement le charme de l'enfance. Personne ne l'approchait qui ne fût en un instant séduit et comme captivé par ce franc, loyal et doux regard, reflet d'une âme virginale et forte, naturellement enthousiaste pour toutes les grandes causes et les grandes pensées.

A ce titre, le souvenir de Louis Veuillot, son oncle, exerçait sur lui un attrait inexprimable. Nous parlions tout à l'heure des lettres qu'il écrivait aux siens. Il n'en est peut-être pas une de celles adressées à sa mère, à son père, à sa tante, Mlle Élise Veuillot, à son frère Pierre, à ses frères et sœurs, à ceux qu'il savait dévoués à l'œuvre de l'*Univers,* qui ne portât quelque trace de cette pensée constante qui habitait en lui. Depuis un an surtout, il semblait que cet esprit si délicat se fût surélevé encore sous l'action d'une piété qui lui servait à mieux exprimer ses tendres énergies.

Dévoué au service de Dieu et de l'Église, voilà ce qu'avant tout il voulait être. Mais comment se ferait ce service? Ses goûts lui montraient le journalisme, et nos désirs l'y appelaient, car à des signes non douteux, imprimés dans un style qui, à son insu, avait déjà de puissantes marques de famille, nous devions compter que ce jeune frère serait promptement un maître. Mais, d'autre part, si Dieu l'appelait à la vocation religieuse?

Entre ces deux voies, Bernard Veuillot se tenait prêt à faire simplement la volonté divine, et en attendant il faisait l'admiration de ses maîtres et l'édification de ses condisciples. Nous voudrions, pour qu'on ne pût nous accuser d'exagération, pouvoir transcrire ici quelques-uns de ces témoignages spontanés que rendait de lui le supérieur de ces religieux si éminents dans l'éducation et l'enseignement de la jeunesse. En toute vérité, l'on pouvait dire : Que pensez-vous que deviendra cet enfant?

Dieu en a décidé. Il a appelé près de Lui, dans sa gloire, nous en avons la douce assurance, ce jeune prédestiné qui, sans cesse, avait les yeux intérieurs de son âme tournés vers Louis Veuillot, son oncle tant aimé. C'est la consolation de notre cœur meurtri devant l'incomparable douleur de sa mère, de son père et de tous les siens. C'est la seule que nous leur puissions offrir, et c'est celle qui les soutiendra au fort d'un chagrin que la débilité de la nature ne suffirait pas à porter.

Nos lecteurs, qui sont avec nous une même famille, y voudront joindre le suffrage de leurs prières. Avec la prière, la douleur ne s'efface pas, mais elle se résigne, et c'est au milieu des plus rudes épreuves que nous, chrétiens, nous devons adorer humblement les impénétrables desseins de Dieu.

AUGUSTE ROUSSEL.

Deux jours plus tard, au soir de la fête de l'Ascension, le corps de Bernard Veuillot, ramené d'Angleterre par son père, sa mère et son frère aîné, était reçu à la gare du Nord par les membres de la famille, les amis intimes et toute la rédaction de l'*Univers*.

L'*Univers* du 5 juin le faisait savoir à ses lecteurs par la note que voici :

Le corps de Bernard Veuillot, ramené d'Angleterre, est arrivé à Paris jeudi soir, jour de l'Ascension, vers six heures, et une heure et demie plus tard il était pieusement déposé dans les caveaux de Sainte-Clotilde, en attendant le jour des funérailles.

Nous renonçons à peindre la scène de désolation qui s'est produite à la gare du Nord, lorsqu'a eu lieu

la rencontre du père, de la mère et du frère revenant
de ce douloureux voyage, avec la famille de notre
cher rédacteur en chef, la rédaction de l'*Univers* tout
entière, et les amis intimes qui, ayant pu savoir
l'heure de l'arrivée du train, avaient voulu, comme
M. le comte A. de Mun et les religieux de l'Assomption, apporter sans retard à M. Eugène Veuillot
et aux siens le témoignage de leur profonde sympathie.

Si résignée que soit la douleur dans les cœurs les
plus chrétiens, il est des coups qui ouvrent dans
l'âme des plaies dont on ose à peine mesurer l'in-
tensité.

Et pourtant quelles précieuses consolations dans
les détails que nous pouvons recueillir sur les derniers moments du noble enfant qui n'est plus ! Deux
heures avant les premières atteintes de son mal, il
jouait avec l'entrain qui faisait dire au jeune Stanislas
Kostka qu'il ne cesserait pas de jouer si on l'aver-
tissait, pendant le jeu, qu'il allait mourir, tant toutes
ses actions étaient faites en vue de Dieu.

A une heure du matin, le mardi, après dix heures
de souffrance, notre jeune malade demandait de
lui-même à se confesser. Dans un admirable esprit
de sacrifice, il offrait au bon Dieu cette mort qu'il
voyait venir loin de sa famille, n'exprimant qu'un
regret, celui de ne faire peut-être pas assez généreu-

sement ce sacrifice qui lui coûtait plus que tout, en raison de la tendresse dont il se savait entouré par les siens et dont il était rempli pour eux. « Mon père, disait-il à son confesseur, je n'ai pas peur. Mais le purgatoire ! Demandez à mes camarades de bien prier pour moi ! »

Ses camarades n'y ont pas manqué, et sur son cercueil on voyait hier deux couronnes, hommage de ces jeunes gens qu'il a tant édifiés et qui l'aimaient tant ! Nous savons que les prières des amis de l'*Univers* ne lui manqueront pas davantage, pour autant que son âme virginale en ait besoin. De tout cœur, nous les en remercions, comme nous remercions tous nos confrères de la presse parisienne et départementale, tous les amis qui, depuis trois jours, ont multiplié à l'adresse de M. Eugène Veuillot, de sa famille, de la rédaction de l'*Univers* si rudement éprouvée en la personne de son chef, les témoignages publics et privés d'une ardente et chrétienne sympathie.

AUGUSTE ROUSSEL.

Du jeudi soir au lundi matin, la dépouille mortelle de Bernard Veuillot fut gardée, aux caveaux de Sainte-Clotilde, par les membres de sa famille et les amis qui se succédaient dans l'accomplissement de ce pieux devoir.

Le lundi 7 juin eurent lieu les funérailles. Le soir même, l'*Univers* en rendait compte dans un article qu'il faisait précéder de nouveaux détails sur la vie de Bernard Veuillot, empruntés à la correspondance même du pieux enfant. Nous les reproduisons textuellement.

En annonçant la mort de Bernard Veuillot, nous avons parlé des pages intimes où se révélaient, avec les nobles qualités de son cœur, la maturité d'une intelligence admirablement douée, et par-dessus tout son grand esprit de foi.

Un grand nombre de nos lecteurs ayant exprimé le vif désir d'en connaître quelque chose, nous n'avons pas cru pouvoir nous refuser à les satisfaire, et, désireux nous-mêmes de montrer que nous n'avions rien exagéré, nous avons obtenu, de sa famille et des éminents religieux qui suivaient le développement de son âme, communication de deux lettres et d'une prière que nous publions ci-après. Aucun de ces écrits — on le verra — n'était ni de près ni de loin destiné à la publicité. Écrivant le même jour, 24 mai, à sa cousine près de faire sa première communion, puis à sa sœur, religieuse, avec le fraternel abandon qui était le fond de sa nature aimante, Bernard Veuillot n'imaginait pas que ses lettres dépasseraient le cercle intime de la famille, qui s'en délectait. De même, lorsqu'en mars dernier, à la veille de ses dix-neuf ans, il adressait à saint Joseph la prière qu'on va lire, qu'il n'avait communiquée à personne et qu'on a trouvée dans ses

papiers où elle figurait comme l'expression de sentiments dont il voulait garder par devers lui le témoignage pour en faire la règle de sa vie, pouvait-il
s'attendre à ce que bientôt la mort livrerait aux
regards d'autrui ce colloque intérieur dans lequel
s'épanchait son âme devant le saint patron de sa
jeunesse si pieuse et si pure?

Nous n'en dirons pas davantage, et nous n'avons
plus qu'à laisser parler notre jeune ami.

Si nous ne nous trompons, cette prière et ces
lettres, où est si fortement imprimée la marque
propre de son caractère, encore qu'on n'y trouve pas
l'enjouement qui se manifestait aussi dans la plupart
de ses lettres, ces écrits, disons-nous, feront verser
des larmes, mais surtout ils seront d'une grande édification; c'est pour cela surtout que nous remercions
ceux qui ont bien voulu nous les confier, d'en permettre ici la publication. Les témoignages qui de
partout sont venus depuis quelques jours nous
assurent que nous donnerons ainsi une grande joie
et une grande consolation à tous ceux qui, en cette
circonstance, ont su affirmer de nouveau avec tant
de cœur qu'ils se sentent bien de la famille de
l'*Univers*.

AUGUSTE ROUSSEL.

PRIÈRE ET LETTRES

DE BERNARD VEUILLOT

Grand saint Joseph,

Je vous en supplie, daignez exaucer mes prières et m'obtenir la grâce que je vous demande aujourd'hui.

Obtenez du bon Dieu, je vous en prie, pour tous ceux qui me sont chers, spécialement pour mes parents, et aussi pour moi-même, la grâce de ne pas mourir subitement, de bien mourir après avoir bien vécu.

Protégez pendant leur vie tous ceux qui me sont chers.

Protégez-moi. Obtenez-moi, je vous en prie, la grâce de connaître ma vocation et de la suivre ; la grâce de ne jamais commettre le péché mortel (je demande aussi cette grâce pour tous ceux qui me sont chers) ; la grâce d'être délivré de ces mauvaises imaginations qui me troublent pendant la journée et quelquefois la nuit, pendant le sommeil. Tout ce qui, même involontairement, peut en moi offenser la sainte vertu de pureté me fait tant de peine !

Obtenez-moi aussi, je vous en prie, la grâce de devenir plus énergique, plus fort pour le bien ; la grâce de l'humilité, de la charité.

Obtenez-moi aussi, je vous en prie, la grâce d'avoir une foi vive et ferme, une grande piété. Vous savez combien je désire être pieux et fervent ; je vous en supplie, protégez-moi, secourez-moi afin que je le devienne.

Secourez-moi contre le respect humain, la lâcheté.

Délivrez-moi, je vous en supplie, de mes scrupules ; rendez ma conscience droite et clairvoyante ; qu'elle reste sévère dans la juste mesure.

Saint Joseph, vous savez que j'ai confiance en votre pouvoir et en votre bonté ; je vous en prie, obtenez-moi toutes ces grâces, toutes celles que j'oublie de demander, toutes celles dont j'ai besoin. Pardonnez-moi si j'ai demandé quelque chose qui ne fût pas pour le bien de mon âme, et protégez-moi toujours afin qu'après une vie chrétienne et pieuse je meure en bon chrétien, en état de grâce.

BERNARD VEUILLOT.

Ma chère sœur Marie des Anges,

Je t'ai dit pendant les vacances que mes idées de vocation avaient disparu ; elles sont revenues, toujours les mêmes, toujours avec cette forme vague et sentimentale qui me donne tant de doutes sérieux sur leur valeur et leur signification. A vrai dire, je dois me taire pour le moment, car je risque en parlant ou d'exagérer mes impressions, ou de les diminuer, et, par le fait même, de tromper ceux à qui je m'adresse. J'attends donc la retraite qui commence le jour de l'Ascension ; je l'attends en priant et avec une ferme résolution de la faire, indépendamment de tout parti pris, en mettant mon âme dans un état d'absolue soumission à la volonté divine, et, j'ose dire, dans une sorte d'indifférence.

Ce mot ne signifie pas que je ne prierai point : je prierai beaucoup, au contraire ; mais je tâcherai de mettre mon âme dans une situation telle qu'elle n'éprouve aucune préférence, afin qu'ainsi la volonté divine soit la seule force qui la fasse pencher d'un côté ou d'un autre. Ces dispositions sont, je crois, très bonnes; on me les a d'ailleurs sérieusement conseillées.

Pourtant, j'ai fait une démarche assez grave, quoiqu'elle n'engage absolument à rien, dès lors que je n'ai pris aucune décision. Il s'agissait d'aller voir le R. P. provincial, qui est de passage ici, pour lui dire ce que je ressentais et lui demander des conseils. J'ai hésité, j'avais peur, et finalement je me suis résolu. Tout s'est arrangé ; ce matin, j'ai causé avec le R. P. provincial. Tu comprends que j'étais embarrassé; mais il n'est pas terrible; il a l'air bon, aimable. Il m'a donné d'excellents conseils, me disant que les sentiments que j'avais éprouvés ne constituaient pas un indice certain, mais que Dieu commençait quelquefois par là. En résumé, il m'a dit d'attendre la retraite.

Voilà la situation. Toujours du brouillard, de ce brouillard épais qui remplit les rues de Londres l'enfumée ; mais à Londres il n'y a pas de soleil, tandis que je vois de temps en temps un rayon étincelant traverser cette atmosphère sombre et venir m'éclairer. C'est dans ces moments-là que je suis impressionné. Mais d'où cela vient-il? Est-ce le bon Dieu qui m'envoie cela? Est-ce pure imagination? Est-ce rêverie? Je n'en sais rien. Et cet état-là me pèse. Je voudrais voir la lumière, je voudrais que le soleil dissipe le brouillard. Demande au bon Dieu qu'il m'éclaire pendant cette retraite.

Ma chère sœur, toi que j'aime tant depuis que j'ai compris la beauté de ta vocation, tu dois être bien étonnée de cet état où je me trouve; tu ne dois pas comprendre, dans la plénitude de la paix et de l'amour du bon Dieu, que je puisse être dans un semblable trouble; mais tu sens au moins, certainement, qu'il faut que ce trouble disparaisse. Je t'en prie, demande au bon Dieu de m'éclairer.

Je ne te parlerai plus à ce sujet, je ne pourrais que me répéter, je crois t'avoir tout dit, et si je me suis exprimé d'une manière vague, si je n'ai pas expliqué mes sentiments de manière à les faire comprendre, vois dans ce fait même une preuve de l'indécision de mes idées.

Je t'écrirai au sortir de notre retraite pour te dire ce que j'y aurai éprouvé. J'imagine qu'en recevant cette seconde lettre, tu éprouveras une certaine émotion. Pour ma part, je suis déjà ému quand je pense au moment où je verrai la vérité. C'est terrible!

Maman ne m'a pas dit que ta maladie fût revenue, d'où je conclus que ta guérison a été subite et sérieuse en même temps. Cela donne beaucoup à penser. Il me semble que le bon Dieu, en te rendant malade au point qu'il fût nécessaire de songer à te faire sortir, puis en permettant que le mieux se produisît soudain, au moment où ta sortie allait se décider, a voulu t'imposer une épreuve très dure, mais en ayant le dessein de te garder. Il me semble voir dans ce fait comme un calcul de la Providence, qui t'a menée jusqu'au bord de cet abîme, en te laissant souffrir les angoisses de l'appréhension, et qui t'a arrêtée au moment où tu allais tomber. Quoi qu'il en soit, je remercie le bon Dieu de t'avoir jugée digne de le servir, et de goûter le bonheur immense de ceux et de celles qui se donnent à Lui pour toujours. Mais la persuasion où je suis que tes souffrances ne sont que des épreuves ne m'empêche pas de prier le bon Dieu, afin qu'Il te garde et te guérisse. Vraiment, c'est une bénédiction pour notre famille que ton entrée en religion. A la gloire de notre maison, il fallait l'achèvement du sacrifice complet de soi, et mon oncle a dû être bien heureux dans le ciel. Ah! c'est une épreuve bien dure pour papa et pour maman; mais comme cette épreuve est aussi une source abondante de grâce!

Malgré moi, ou plutôt sans m'en défendre, je pense, en écrivant tout ceci, à mon propre avenir. Quelle préoccupation! Prions ensemble!

Au revoir, ma chère Marguerite, je te quitte à regret; mais il le faut, car dans l'état où je suis je n'en finirais plus de parler si je me laissais aller. Au revoir, je t'embrasse de tout cœur.

Ton frère qui t'aime de tout son cœur,

Lundi, 24 mai 1886.   BERNARD VEUILLOT.

Notre retraite finira, je pense, le lundi 7 juin; par conséquent, ma lettre prochaine t'arrivera le 8 ou le 9.

Ma chère Marguerite-Marie,

Je voudrais bien quitter l'Angleterre aujourd'hui, et venir dans une maison de la rue d'Assas que tu connais pour t'embrasser et prendre part à la belle fête de ta première communion. Ne pouvant accomplir ce désir, je veux du moins t'écrire un petit mot pour te montrer que je pense bien à toi, pour te féliciter aussi du bonheur qui t'attend et que tu auras goûté quand tu recevras cette lettre. C'est un bonheur immense, tu le sais, et tu sais aussi que Jésus-Christ, lorsqu'Il sera dans ton cœur, écoutera avec bonté toutes tes prières et les exaucera.

Aussi prie-Le bien pendant toute cette journée de demain, afin qu'Il comble de bonheurs et de consolations ton papa et ta maman ; afin que la joie règne sans partage dans leur vie ; prie-Le aussi afin qu'Il guérisse complètement Alphonse, qu'Il protège Frédéric et Maurice, qu'Il bénisse toutes tes sœurs et tous tes frères. Demain, tu apporteras le bon Dieu dans la maison de tes parents, il faut que tu y apportes en même temps le bonheur.

Au revoir, ma grande cousine, — car tu es grande maintenant, et sérieuse, — au revoir ; je t'embrasse de tout mon cœur, en regrettant que mon travail de classe m'empêche de te dire plus longuement combien je suis heureux de ton bonheur, combien je t'aime et combien j'aime ton papa et ta maman. — Ton cousin,

BERNARD.

24 mai 1886.

ÉLU COURONNÉ PAR SON ANGE
Fresque de Luca Signorelli, à Orvieto ; quinzième siècle.

LA BÉATITUDE ÉTERNELLE

« Bienheureux ceux qui ont le cœur pur, parce qu'ils verront Dieu. »

Couronnement de S. Louis de Gonzague (verrière de M. Cl. Lavergne).

LES FUNÉRAILLES

Les funérailles de Bernard Veuillot ont été célé-
brées à dix heures, ce matin, en l'église Sainte-
Clotilde, au milieu d'une affluence considérable, dont
l'attitude douloureusement recueillie exprimait les
sentiments de vive sympathie pour le grand deuil
qui frappe le rédacteur en chef de l'*Univers*.

La messe solennelle a été dite par M. Gardet, curé
de la paroisse. Dans le chœur avaient pris place
S. Exc. Mgr di Rende, nonce apostolique, et Mgr Frep-
pel, évêque d'Angers. On remarquait en outre la

présence de Mgr Averardi, auditeur, et de Mgr Vico,
secrétaire de la nonciature apostolique ; de Mgr d'Hulst,
recteur de l'Institut catholique ; de Mgr Sauvé, ancien recteur de la Faculté catholique d'Angers ; de
Mgr de Kernaëret ; du R. P. du Lac, supérieur du
collège de Canterbury ; des RR. PP. Pitot, Baudier,
Berthiaux, Méchinot, Truck, Lemoigne, religieux de
la Compagnie de Jésus ; du R. P. Arsène, provincial,
et du R. P. Ludovic, religieux capucins ; du R. P.
Marie de Brest, des religieux franciscains ; dom Gué-
pin, des bénédictins, prieur de l'abbaye Saint-
Dominique de Silos en Espagne ; le R. P. Delaporte,
missionnaire du Sacré-Cœur ; le P. de Lhermitte,
supérieur des Oblats, et le P. Soulié, de la même
congrégation, des religieux des congrégations du
Saint-Esprit, des Missions étrangères, des Laza-
ristes, de l'Assomption ; le P. Albert, religieux
carme déchaussé ; le R. P. Robert, supérieur de la
congrégation franciscaine de Ladevèze (Cantal) ; le
R. P. Charmetant, directeur de l'Œuvre des écoles
d'Orient, M. l'abbé Connelly, MM. Gramidon et
Riche, prêtres de la compagnie Saint-Sulpice ;
M. l'abbé Davin, M. l'abbé Diringer, M. l'abbé
Raillard, M. l'abbé Castaing, M. l'abbé Eveno,
M. l'abbé Joly, aumônier du Sacré-Cœur ; M. l'abbé
Moniquet, M. l'abbé Richard, curé de Linas ; l'abbé
Tessier, curé de Deuil ; l'abbé Jacquemin, curé

de Boynes (Loiret), pays natal de Louis Veuillot, et combien de religieux et de prêtres dont nous nous excusons d'omettre les noms.

Nommons encore M. de Gavardie et M. le général Espivent de la Villeboisnet, sénateurs; MM. de Baudry d'Asson, Émile Keller, comte A. de Mun, de Bélizal, de Cassagnac, de Lamarzelle, Le Cour-Grand-Maison, députés; MM. le marquis de Ségur, le comte de Bréda, le baron Baude, le comte de Vanssay, le comte Robert de Mun, vicomte de Mayol de Lupé, baron Tristan Lambert, comte de Saint-Victor, Claudius Lavergne, Joseph Aubineau, J. Lavergne, une députation de jeunes élèves du collège de la rue de Madrid, marquis de Dreux-Brezé, comte de Blacas, de la Bouillerie, prince de La Tour d'Auvergne, comte de Pesquidoux, de Barbarin, Robinet de Cléry, comte d'Andigné, comte de Roquefeuille, A. Delouche, de Château-Thierry; M. de Claye, rédacteur en chef du *Monde;* MM. d'Estampes et Oscar Havard; M. Janicot, directeur, MM. Godlewski et Charles Dupuy, de la *Gazette de France;* M. Récamier, du *Français;* M. de Pène, du *Gaulois;* nos confrères de la *Croix;* M. Marchand, du *Journal de Paris;* M. Grimblot, M. Guyon, directeur, et M. Grimont, rédacteur de la *Patrie;* M. Marmier, de l'Académie française, M. Gustave Droz, M. le baron de Curel, M. Ory, M. Maurice Meignen, M. Victor de Marolles,

M. Raoul Ancel, M. Léon Pagés, M. Saubot-Dam-
borgès, M. le marquis de Beaucourt, M. le comte
de Saint-Senne, M. Geoffroy de Grandmaison;
M. le comte d'Esgrigny, M. le marquis de Fournès,
M. le marquis de Rolland, M. le marquis de Plœuc,
M. le général baron Ambert, M. le marquis de la Suze,
M. Henri Gréau, M. le comte de Bonneuil, M. Oscar
Falateuf, M. le baron des Rotours, ancien magistrat;
M. le prince Raymond de Broglie, M. Alexandre
de Saint-Chéron, M. Th. de Baudicour, M. le comte
G. de Beaurepaire, M. Soubigou, sénateur, Mgr Plai-
sonnet, chanoine de Carthage, curé de Chars;
M. le comte Robert du Luard, M. le comte de Mari-
chalar, M. le colonel Milleroux, M. le comte de Sa-
bran-Pontevès, M. le marquis Liberati, la rédaction
du *Moniteur universel*, M. Eugène Loudun, directeur
de la *Revue du Monde catholique;* M. Alexandre
Célier, avocat au Mans, vice-président du comité
catholique; M. de Chapouillé, M. Meniolle, M. l'abbé
Leroyer, aumônier des dames augustines du diocèse
d'Angers; M. l'abbé Henry, vicaire à Saint-Vincent-
de-Paul; M. l'abbé Petot, vicaire à Saint-François-
Xavier; M. Auguste Nicolas, qui, malgré son grand
âge, avait voulu venir de Versailles tout exprès pour
apporter à M. Eugène Veuillot le témoignage de sa
vive et profonde sympathie; M. le général Dard,
M. le vicomte Maggiolo, M. Eugène Dufeuille, M. Sé-

bastien Laurentie, M. le docteur Constantin James,
M. Henri des Houx, M. le comte de Waziers, MM. Dumoulin, Lethielleux, Victor Palmé, Retaux, Vivès,
éditeurs ; MM. le docteur Paul Fredault, le docteur
Tessier, Lermigny ; les très chers frères des écoles
de la Doctrine chrétienne, les Petites-Sœurs des
Pauvres, les sœurs de Charité, les sœurs du Bon-Se-
cours de Troyes, les religieuses franciscaines, etc., etc.

Après l'absoute, qui a été faite par le R. P. du Lac,
une grande partie de l'assistance a voulu, malgré le
mauvais temps, suivre le corps à pied durant le long
trajet qui sépare l'église Sainte-Clotilde du cimetière
Montparnasse. Le deuil était conduit par M. Eugène
Veuillot et ses deux fils, Pierre et François ; par
MM. Desquers, docteur Ozanam, Thomas et Eugène
d'Aquin, Mazerie, oncles du jeune défunt ; le R. P.
du Lac et les membres de la famille Murcier, que
suivait la rédaction de l'*Univers* tout entière, avec les
employés de notre administration. Sur tous les visages
se peignait la douleur qui étreignait le cœur à l'aspect
de la mère désolée, de toute la famille en larmes, du
malheureux père suivant sans défaillir, parce qu'il
puise sa force en Dieu, mais avec quel déchirement !
cette chère dépouille.

A midi, le triste cortège arrivait au cimetière et,
presque à l'entrée, s'arrêtait à la seconde allée de
droite, au pied du tombeau de Louis Veuillot. C'est

là, en effet, qu'ont été déposés et que reposeront, réunis à ceux de l'oncle qu'il aimait tant, les restes de Bernard Veuillot. Dans une lettre écrite à sa sœur religieuse moins de huit jours avant sa mort, le jeune élève de Canterbury disait, à propos de la vocation de sœur Marie des Anges : « Ah! mon oncle a dû être bien heureux dans le ciel. » Aujourd'hui, quel accueil Louis Veuillot n'aura-t-il pas fait à ce neveu qui s'unit à lui dans la tombe et qui, combattant de désir, couronné de bonne heure, par les mérites peut-être de celui qui a tant lutté durant sa vie pour Dieu et pour l'Église, peut chanter avec lui ces paroles immortelles : « J'ai cru, je vois. »

AUGUSTE ROUSSEL.

Comme on l'a dit plus haut, d'innombrables télégrammes et lettres de sympathies avaient été adressées à M. Eugène Veuillot au sujet du malheur qui le frappait. Par un sentiment de haute convenance, l'*Univers* voulut remercier ceux qui donnaient en cette douloureuse circonstance un si précieux témoignage à son rédacteur en chef et à sa famille. Il le fit dans son numéro du 12 juin, par la note suivante :

Sur le désir formel de M. Eugène Veuillot, nous n'avons publié ni même mentionné aucune des dépêches, aucune des lettres qui, depuis huit jours, lui ont été adressées; nous n'avons, non plus, reproduit aucun des articles des journaux français et étrangers où des témoignages de sympathie lui ont été donnés.

Sans sortir de cette réserve, nous voulons cependant dire en deux mots que ces témoignages, si nombreux et si chaleureusement exprimés, sont venus au rédacteur en chef de l'*Univers* de tous côtés et de tous les rangs de la société chrétienne. Prêtres, religieux et laïques de toutes les conditions ont donné à l'âme de son fils, à lui-même et aux siens le secours de leurs prières.

Notons aussi qu'en même temps qu'il recevait, de Monsieur le comte de Paris, une touchante et chrétienne dépêche, Monsieur le duc de Madrid, Monsieur le duc de Parme, Monsieur le duc d'Alençon lui faisaient dire par M. Melgar, M. G. de Saint-Victor, M. le baron Tristan Lambert, combien ils étaient émus et attristés du terrible coup qui venait de le frapper.

Nous ne serons pas indiscrets, non plus, en constatant que, de Rome et de France, des princes de l'Église, de nombreux archevêques et évêques lui ont écrit qu'ils s'associaient à sa douleur.

JÉSUS-CHRIST, CENTRE ET OBJET DE LA VIE HUMAINE

Sculpture de l'église Saint-Trophime à Arles, douzième siècle.

« Je suis, dit Jésus-Christ, la voie, la vérité et la vie. Je suis l'alpha et l'oméga, le commencement et la fin. »

Quinze jours plus tard, M. Eugène Veuillot, surmontant sa
douleur, s'adressait lui-même à la famille de l'*Univers* pour
lui dédier, avec l'expression de ses sentiments, le solennel
adieu adressé à Bernard Veuillot devant ses condisciples,
dans la chapelle du collège de Canterbury, au nom de ses
maîtres, par l'un d'entre eux, le R. P. Billot. On nous par-
donnera de n'en rien dire, pour laisser goûter au lecteur la
puissante émotion qui s'en échappe, après l'avoir inspirée.

Nous citons l'*Univers* du 26 juin :

Au moment de reprendre ma besogne, devenue
plus rude, et que Dieu, je l'espère, trouvera méri-
tante, je veux remercier les nombreux amis connus et
inconnus, qui, depuis le jour où Notre Père qui est
aux cieux a rappelé mon fils Bernard, m'ont affirmé
leur chrétienne sympathie. Je trouverais difficilement le temps et plus difficilement la force de leur
répondre à tous ; mais je sais qu'ils n'exigent aucun
retour, et c'est pour ma propre satisfaction que je
les remercie dans ce journal, notre lien.

Leurs témoignages m'ont été précieux. Ils m'ont

fait entendre les seules paroles qui puissent en pareille épreuve être secourables et que je voulusse supporter : celles qui, tout en avivant les larmes, règlent la douleur.

Le coup est terrible ; il a ouvert dans mon cœur, et dans d'autres que je connais bien, une plaie que le temps devra rendre moins visible, mais ne fermera point ; il n'a pu me faire oublier que le chrétien doit se défendre du désespoir comme du murmure. Mon frère frappé dans ses enfants écrivait à un ami : « Il n'y a point de mort. Ces âmes saintes et innocentes reçoivent une commutation de la vie, et nous, par elles, un secours intarissable d'espérance et d'amour. Les dictames qui nous sauvent germent sur ces tombeaux sacrés. »

En même temps que sa foi lui apportait ce secours, qui n'est pas tout de suite une consolation, il disait aussi, dans l'amertume de ses regrets : « Je sais que j'ai un ange au ciel ; je l'ai donné ; mais avant que je le donne il m'a été pris. Les combats que la nature livre à la grâce en ces terribles rencontres sont vraiment affreux. »

Mon frère avait perdu de très jeunes enfants, et c'est presque un homme que Dieu m'a pris. Cependant, malgré la différence des âges, je puis appliquer à Bernard les pieuses paroles où son oncle bien-aimé, songeant à l'innocence des êtres chers qu'il pleurait, cherchait un soutien. En effet, si l'esprit d'un jeune homme qui a terminé ses études et vécu dans le monde connaît inévitablement quelque chose du mal, l'âme, par la fermeté de la foi et sa fidélité aux pratiques pieuses, peut rester innocente. Telle était, tout me l'assure, l'âme de Bernard. Cette prière à saint Joseph, où il invoque avec tant d'amour « la sainte vertu de pureté », suffit à montrer le fond de son cœur. C'est bien une âme angélique qui nous a quittés. Voyez comment, dans une lettre intime, me parlaient de ce cher enfant, le lendemain de sa mort, les maîtres fermes et tendres auxquels je l'avais confié :

« J'ai besoin de vous écrire que je passe mes journées près de vous aux pieds de Dieu, que je sens vivement votre affreuse douleur ; mais si vous pouviez éprouver l'impression que tous, j'en suis sûr, ressentent à Cantorbéry, je suis certain que, malgré l'amertume qui vous remplit le cœur, vous sentiriez vous-mêmes que le baume n'est pas loin.

« Il y avait depuis deux ans dans ce cœur d'adolescent quelque chose de céleste, dont on voyait le reflet dans ses beaux grands yeux si tranquilles et si doux. Un travail divin se faisait en cette âme : nous nous demandions, comme vous, ce qu'elle allait donner ; nous en parlions souvent, et vraiment il n'y avait que l'embarras du choix entre le très grand et le plus grand encore. Je me rappelle une admirable lettre de Bernard à l'un de nous, pendant les vacances, au mois de septembre, parlant de jeux, de gaieté, et aussi d'un apostolat sérieux près de ses camarades. Ce bon cœur ne pensait qu'au bien. Dieu le préparait. Comme l'homme est court dans ses pensées ! Mais quel coup ! J'essaye en vain d'en détourner ma pensée et la vôtre ; c'est trop tôt. Il vaut mieux vous serrer la main en pleurant et se remettre à prier Celui à qui seul on dit : « Tu frappes et guéris, « tu perds et ressuscites. »

Voilà ce que promettait Bernard, voilà ce que déjà il était ! Les amis auxquels je réponds peuvent deviner par ce témoignage quelles espérances pour notre cause et pour moi j'appuyais en pleine confiance sur cet adolescent, qui « ne pensait qu'au bien », et y pensait virilement. Déjà sa part était, comme celle de son aîné, marquée dans nos travaux.

La pensée d'unir ses débuts à mes derniers efforts avait pour moi une douceur extrême. Hélas ! il n'avait pas dix-neuf ans, et son œuvre, que je ne croyais pas commencée, finissait. *Consummatus in brevi, explevit tempora multa...* Le 8 mai dernier, lorsqu'en le quittant nous lui disions, sa mère et moi : A deux mois ! à deux mois ! il aurait pu nous répondre : « J'ai achevé ma course, j'ai gardé la foi ; il ne me reste

plus que d'aller recevoir la couronne de justice que
Jésus-Christ, mon juge, me réserve. »

Cette couronne, s'il ne l'a pas reçue tout de suite,
je sais qu'il l'aura, et je ne puis craindre qu'il l'at-
tende longtemps. Son âme a trop espéré dans le
Seigneur et trop de prières secondent ses mérites
pour qu'aucune crainte puisse me troubler. Cette
âme droite et pure ne peut avoir beaucoup à expier.
La raison seule, à défaut des certitudes de la foi, me
ferait dire sur Bernard ces paroles de mon frère :
« Regardez au ciel, vous verrez votre cher défunt,
comme on voit de la route, au retour, le visage de
l'enfant à la fenêtre de la maison. » — « Que faut-il
de plus, ajoutait-il, pour donner la force de gravir
jusque-là ! »

Ce qu'il faut de plus, c'est la soumission à la
volonté divine, c'est la ferme résolution de faire en
tout son devoir. Les amis qui pleurent avec moi mon
enfant, les prêtres qui célèbrent le saint sacrifice
pour qu'il repose en paix dans la lumière, demandent
en même temps à Dieu de me donner ainsi qu'à tous
les miens ces secours puissants. J'espère qu'ils seront
entendus et qu'après avoir dit, comme je le fais :
« J'accepte votre volonté, ô mon Dieu! et votre loi est
dans le plus intime de mon cœur, » il me sera donné
de continuer avec fermeté l'œuvre à laquelle je dois
que tant de prêtres, de religieux, de religieuses, tant

de laïques dévoués à l'Eglise s'associent à ma douleur et prient pour l'âme innocente et sainte qui
m'attend.

ÉUGÈNE VEUILLOT.

L'article plein de cœur, où M. Auguste Roussel
annonçait à la famille de l'*Univers* le coup qui me
frappait, a profondément touché nos lecteurs. Beaucoup me l'ont dit dans les termes les plus émouvants ;
je cite l'un d'eux : « Je remercie M. Auguste Roussel
de son article nécrologique. Je l'ai lu et relu, je le
relirai encore. Il est navrant, mais si attachant, si
attirant, si pieusement sympathique ! Il fait couler
bien des larmes ! »

Dans cet article, M. Auguste Roussel montrait notre
Bernard tel qu'on le voyait dans la vie de famille,
qui fut si courte pour lui et qu'il aimait tant ! tel
aussi que le révélait sa correspondance, toujours si
charmante et souvent si élevée. Voici une page qui
montre l'écolier ; — et l'école prit presque toute
l'existence du cher enfant. C'est une allocution que,
le 3 juin, fête de l'Ascension, deux jours après la
mort de Bernard, le R. P. Billot adressa aux élèves
de philosophie, pour l'ouverture de leur retraite,
cette retraite dont mon fils disait à sa sœur religieuse : « J'y prendrai sans doute des résolutions qui
décideront de mon avenir. »

Je ne veux pas louer ce discours, que j'ai lu et relu à travers tant de pleurs. L'auteur me reprocherait d'en dire tout ce que j'en pense. Mais je veux, au moins, noter que cet éloge de mon enfant prononcé devant ses maîtres et ses camarades exprimait les sentiments de tous et que tous le ratifièrent de leurs larmes. Aux dons qui le rendaient si digne d'être aimé, Bernard joignait, au suprême degré, le charme, ce don qui relève et fait cordialement accepter tous les autres.

Le pieux, tendre et fortifiant discours que l'on va lire serait impossible ailleurs que dans un collège catholique. C'est là seulement que l'on sait aimer ainsi des élèves et les rendre dignes de cet amour. Rien, certes, ne peut consoler un père et une mère de n'avoir point vu les derniers regards de leur enfant; mais c'est un adoucissement à leur douleur, à leurs éternels regrets, de savoir que de tels hommes l'entouraient et, priant et pleurant, lui montraient le ciel.

EUGÈNE VEUILLOT.

INSTRUCTION PRONONCÉE

LE 3 JUIN AU SOIR

DANS LA CHAPELLE DU COLLÈGE SAINTE-MARIE A CANTORBÉRY

PAR

LE R. P. BILLOT

Opus consummavi quod dedisti mihi ut faciam.
J'ai achevé l'œuvre que vous m'aviez donné à faire. (JEAN, XVII, 4.)

MES ENFANTS,

Était-ce uniquement la coïncidence de la fête de l'Ascension avec un jour qui pour nous tous est un jour de grand deuil ? Mais il me semblait lire ce matin, sur les voiles funèbres qui nous dérobaient la dernière présence parmi nous de notre Bernard, cette parole dite par le Seigneur de lui-même au dernier soir de sa vie, parole que tous les échos de la liturgie sainte nous renvoient aujourd'hui : Mon Père, ô mon Père ! à qui je retourne, j'ai achevé l'œuvre que vous m'aviez donné à faire ici-bas. *Opus consummavi quod dedisti mihi ut faciam.*

Et pourtant, ce qui s'est passé en cette nuit terrible de lundi à mardi ne donne-t-il pas un démenti

trop formel à cette illusion de ma douleur ? Osé-je
bien prétendre que cette vie sitôt brisée est une vie
achevée ? La trame s'en ourdissait à peine, et un coup
impitoyable a détruit tant d'espérances ! Quoi donc,
Bernard ne devait être que ce qu'il a été, une fleur et
pas un fruit ? un enfant pieux, bon, l'orgueil de sa
famille, la joie de ses maîtres, l'amour de ses condisciples ; et pas un homme formé, servant Dieu, l'Eglise
et la France dans la maturité de son âge et de son
talent ? La Providence ne pouvait-elle vouloir que
cela pour lui, et ne lui avait-elle donné que pour les
lui ravir prématurément tant de qualités précieuses ?
N'était-ce donc pas elle qui avait formé et activait
chaque jour dans son cœur ce courant d'idées hautes,
d'ambitions supérieures qui l'élevait si fort au-dessus
des frivolités de son âge, pour ne le préoccuper que
de l'avenir, — et de quel avenir ? Il y rêvait des luttes
où il voulait n'*être médiocre en rien*. Le mot est de lui,
mes enfants, et nous ne l'avons pas surpris sans émotion dans ses notes intimes. Non, rien de médiocre,
se disait-il à lui-même, traçant ainsi d'un seul mot
tout son programme de vie, rien de médiocre en moi,
au service, où je veux uniquement m'engager, de tout
ce qui est noble et grand ; rien de médiocre dans un
tel labeur, et j'y veux apporter l'appoint, sinon de
beaux talents (il avait une très petite idée de lui), du
moins d'une grande générosité.

Il rêvait cela, notre Bernard, et, pour que sa volonté, déjà ferme dans l'attachement à cet idéal, l'en-
gageât à le poursuivre par une route déterminée, il
n'attendait plus que de connaître ce qu'il ignorait
encore : comment il mettrait sa vie au service de
Dieu. Prendrait-il rang, lui aussi, parmi cette élite de
vaillants qui, depuis près d'un demi-siècle, se groupent
pour les combats de la plume autour du beau nom
qu'il portait (il pouvait bien prétendre continuer des
traditions difficiles); — ou bien renoncerait-il à ces
luttes bruyantes de la presse quotidienne pour s'enrô-
ler, par un amour et un dévouement supérieurs, dans
une de ces milices religieuses qui sont la réserve sa-
cerdotale de l'Eglise et où elle trouve toujours l'un
de ses meilleurs secours ? Bernard ne le savait pas,
mais il cherchait et comptait trouver lumière et force
pour une décision prochaine dans cette retraite que
vous allez commencer ce soir, mes chers enfants de
philosophie. En attendant, il priait et se tranquillisait
dans la pensée que son avenir, quel qu'il dût être, serait, par la grâce d'en haut, vaillant et chevaleresque,
au seul service des saintes causes, tel enfin que le lui
imposaient des exemples domestiques. Hélas ! cette
œuvre qu'il entrevoyait comme l'œuvre de sa vie, l'a-
t-il accomplie?... A ses yeux comme aux nôtres, la
vision généreuse s'est dissipée soudain dans les om-
bres d'une mort prématurée, qui, dans le premier

instant qu'il l'entrevit (je ne parle que du premier), lui parut affreuse. Et j'ose lui appliquer, comme si elle pouvait lui convenir, cette parole du Sauveur remontant au ciel : *Opus consummavi quod dedisti mihi ut faciam*, — j'ai achevé l'œuvre que vous m'aviez donné à faire.

Eh bien ! oui, mes enfants, je garde le droit de l'oser, car tout cet avenir dont je viens de dire les projets incertains, ce rêve si cher et si caressé était l'œuvre de Bernard, la nôtre aussi, celle aussi de ses pauvres parents (pouvait-on ne pas entrer autour de lui dans ses vues si généreuses?); mais ce n'était pas l'œuvre que dans ses desseins éternels Dieu lui avait donné à accomplir, celle dont Bernard aurait pu dire, s'il avait été dans les secrets de la Providence : *opus... quod dedisti mihi ut faciam*, — l'œuvre qui m'est donnée à faire. Non, Dieu ne voulait pas cela pour lui, et qui songerait à en demander compte à Dieu... Dieu, qui a des raisons que nous ne saurions comprendre, ne voulait pas que le cher enfant fût un de ces robustes ouvriers de plume qui ont fondé et perpétuent sa famille ; pas davantage qu'il fût un religieux, un de ces incompris que le monde repousse et que les siens défendent ; mais seulement que durant dix-huit courtes années, il travaillât, chez lui d'abord, puis au collège, à devenir enfin un modèle de vertu.

Comment il s'achemina lentement à travers la pre-

mière et la plus longue période de sa vie au terme où
la mort l'a surpris, c'est ce que je ne puis dire, ne
connaissant Bernard que depuis quatre ans. Le récit
de la vie innocente qu'il mena dans la famille est un
chapitre de son histoire que pourraient seuls écrire
ses pauvres parents. Eux seuls pourraient nous dire
ce qu'il fut pour eux aux jours de son enfance et de
son adolescence, ce que son cœur, qui enfermait des
trésors de bonté, leur en révéla chaque jour. Ils
m'ont parlé de ses lettres, toujours si bonnes, si
affectueuses, si triomphantes quand elles devaient
leur être une cause de joie par les nouvelles d'un
succès. Ils m'ont dit hier à travers leurs larmes que
la dernière qu'il leur adressait et qu'ils recevaient
après sa mort pouvait bien être regardée par eux
comme le testament de son cœur. Et je le crois d'autant plus facilement que ses paroles m'ont prouvé
souvent quel amour vrai et profond il leur portait.
Je me figure même beaucoup d'autres choses charmantes qu'ils pourraient nous apprendre sur cette
première partie de la vie de leur cher enfant. Mais je
ne veux parler ici de ce que j'ai vu, et ne vous pré-
senter de lui, mes enfants, qu'un portrait que vous
puissiez reconnaître.

L'achever en quelques minutes ne serait pas possible, d'autant que cette ressemblance pour être parfaite demande le détail de mille traits ; mais je dois

essayer de l'esquisser rapidement, ne serait-ce que pour justifier la Providence du reproche que tel ou tel d'entre vous lui aura peut-être adressé d'une manière inconsciente, en s'étonnant de voir finir si vite des jours si pleins de promesses. Il faut faire tomber ce scandale, si scandale il y a, et pour cela nous mettre bien en face de notre Bernard tel qu'il était devenu quand la mort nous l'a ravi. Oh! ne vous attendez pas à ce que je vous en dise des choses surprenantes; ne croyez pas surtout qu'un parti pris de le louer quand même me porte à exagérer ses mérites. Il ne me le pardonnerait pas d'abord, lui si vraiment humble; puis, je n'ai besoin que de dire la vérité pour arriver à cette conclusion qu'il était trois fois digne de Dieu de ne vouloir pour lui que l'œuvre qu'il a entièrement accomplie.

Dieu donc avait porté ses parents à le mettre ici, pour qu'il y grandît dans la piété, dans la vertu et dans la science; pour qu'il y apprît un peu mieux chaque jour, dans un milieu d'enfants, de jeunes gens de son âge, à se défendre des approches du mal et à semer le bien autour de lui. La réalisation d'un tel programme était l'œuvre voulue de Dieu pour Bernard. Cette œuvre, l'a-t-il accomplie, menée à sa perfection, de telle sorte qu'avant-hier, paraissant devant son Juge, il ait pu lui répondre par ces mots qui devaient lui ouvrir sans retard les portes du ciel :

J'ai rempli entièrement vos desseins sur moi; — *Opus consummavi quod dedisti mihi ut faciam ?* Vous savez que oui, mes enfants, et je le sais mieux encore que vous, moi qui depuis quatre ans ai vu grandir insensiblement cette belle âme. Comme toute âme d'enfant, elle avait ses imperfections; mais dès le principe ce n'en était pas moins une belle âme, de celles dont on peut croire (je vous donne l'avis de quelqu'un qui l'a plus intimement connu) qu'elles n'ont jamais perdu la grâce de leur baptême; de celles aussi qui ont besoin pourtant qu'à un moment donné une grâce plus forte les fasse entrer plus résolûment dans la voie de leur perfection. Cette impulsion, Bernard la ressentit vivement à l'époque de la mort de son oncle. En face des dépouilles mortelles de ce grand défenseur de l'Eglise, il comprit mieux tout d'un coup l'obligation qui lui était faite de ne rester médiocre en rien; et c'est de ce jour que date ce que j'appellerai sa conversion, voulant seulement indiquer par là qu'il cessa d'être alors l'enfant insouciant et un peu apathique qu'il avait été longtemps, pour devenir ce que vous l'avez connu.

Et de fait, quels progrès en piété, en vertu et en science n'a-t-il pas réalisés depuis! Pour parler d'abord de sa piété, elle se traduisait, aux offices par un recueillement plus qu'ordinaire, dans l'usage des sacrements par le soin méticuleux qu'il mettait à s'y

préparer, dans les prières en étude et en classe par le
sérieux qu'il y apportait toujours. Elle le suivait
partout; jusqu'au réfectoire, où l'un de vous me
racontait qu'il ne manqua jamais de dire en parti-
culier ses grâces, lorsqu'il n'avait pu assister à la
récitation commune; jusqu'au dortoir, où c'était son
habitude de prolonger le soir ses prières au pied de
son lit, à tel point que dimanche dernier, la veille
même du jour où il fut frappé, on le surprit à neuf
heures et demie, encore en train de dire son chapelet,
ce dont il s'excusa si bien qu'on dut lui permettre de
l'achever. Elle se manifestait enfin par son estime
singulière de la Congrégation, dont le meilleur
bienfait était à ses yeux d'assurer à ses membres le
titre d'enfants de Marie et les grâces attachées à ce
titre, et aussi par sa dévotion toute spéciale à saint
Joseph, dont il avait fait, je le sais, un des patrons
les plus fréquemment invoqués de sa vie, et, quand
elle viendrait, de sa mort.

Quant à sa vertu (mais de quelle vertu dois-je parler
plutôt?) on peut dire qu'elle rayonnait dans ses
deux beaux grands yeux, dont la limpidité laissait
voir toute son âme; qu'elle se révélait dans ses paroles
d'une convenance toujours parfaite (qui donc surprit
jamais sur ses lèvres un mot tant soit peu risqué?);
qu'elle se manifestait dans cette parfaite égalité d'âme
avec laquelle il supportait, sans témoigner jamais la

moindre impatience, les plaisanteries fréquentes que provoquait sa bonne simplicité ; qu'elle éclatait enfin dans cette bonté exquise qui faisait le fond de son caractère et rendait son commerce si attrayant, dans sa déférence pour ses supérieurs, dans la réserve avec laquelle il appréciait leurs actes, dans le courage et l'indépendance qu'il savait mettre à les défendre, dans le respect, l'affection et la reconnaissance qu'il leur témoignait, et enfin, surtout dans les derniers mois de sa vie, dans un complet oubli de lui-même et dans une recherche habituelle du sacrifice. J'ai sur ce dernier point des faits très authentiques que je ne puis raconter ici, mais qui prouvent bien qu'il prenait au sérieux ses offrandes à l'Archiconfrérie et y trouvait un stimulant puissant à se vaincre.

N'était-ce pas d'ailleurs un sacrifice perpétuel que son travail devenu, ces deux dernières années surtout, si ferme et si constant ? Il n'était pas, il n'avait jamais été à ma connaissance paresseux au sens vilain du mot, paresseux de cette paresse qui est un dégoût de tout travail intellectuel. Mais il avait, en fait d'études, des préférences très accentuées pour les lettres françaises et l'histoire, et elles furent pendant quelque temps à peu près exclusives. De là, dans son travail, des inégalités et des caprices qui devaient disparaître, et contre lesquels, de fait, notre Bernard lutta victorieusement, surtout ces deux dernières années. Je ne veux pas dire que ses goûts se modifièrent, c'est chose souvent impossible, mais il ne s'en inspira plus dans sa conduite, et arriva ainsi à primer dans sa classe, non seulement dans les matières qu'il aimait, mais encore dans certaines autres qui lui agréaient beaucoup moins. N'est-ce pas sur un de ces terrains arides où il ne s'engageait que par raison qu'il a conquis une fois encore lundi dernier un rang si honorable ? et n'est-ce pas là aussi, dans l'accomplissement héroïque d'un devoir austère, que la mort est venue le chercher ?..... Car elle parle science, cette page inachevée dont chaque lettre fut une victoire sur la douleur, et dont les derniers mots ne trahissent que trop l'effort suprême d'une main qui défaille.

Pauvre enfant ! Avec cette application à l'étude, fécondée par un si beau talent littéraire, réglée par un sens si délicat du vrai, dominée par une haine si instinctive de l'erreu r, de l'erreur qui l'affligeait lors qu'elle se produisait à visage découvert et qui l'indignait lorsqu'elle se glissait sournoisement sous le masque d'une demi-vérité ; avec toutes ces belles qualités de l'esprit et du cœur, où ne serait-il pas arrivé, que n'aurait-il pas fait !... Et la mort a ravagé tout cela ! Et Dieu qui l'aimait l'a permis ! Oui, mes enfants, il l'a permis, parce qu'en correspondant si fidèlement aux grâces de son enfance, de son adoles-

cence et de sa jeunesse, Bernard avait achevé son
œuvre. Il devait grandir jusqu'à un certain degré,
éminent déjà, de piété, de sagesse et de science ; il
devait répandre autour de lui la bonne odeur de ses
vertus ; il devait enfin se consumer de saints désirs
qui tous regardaient le meilleur service de Dieu, de
l'Église et de la patrie.

Bernard ayant rempli si parfaitement ces trois
points du programme de sa vie pouvait mourir. Il
eût cueilli peut-être, s'il eût vécu, les palmes des
Bernard ou des Justin, de ceux qui prêchent la
bonne nouvelle aux peuples ou confondent les so-
phismes des ennemis de Dieu : il n'aura que celles
des Louis de Gonzague et des Berckmans, et c'est
assez pour la justification de votre Providence, ô
mon Dieu ! assez aussi pour son bonheur. Car c'est
dans toute la joie de son âme qu'il chante maintenant et chantera éternellement au ciel cette parole
qui résume sa vie : *Opus consummavi quod dedisti
mihi ut faciam ;* ô Dieu, mon Père ! j'ai achevé l'œuvre que vous m'aviez donné à faire.

C'est pourquoi, ô Bernard ! entrant de plus en plus
dans l'esprit de ce jour de l'Ascension, de ce jour
dont l'allégresse interdisait ce matin tout vêtement
de deuil au prêtre qui célébrait pour vous et en présence de votre dépouille mortelle les divins mystères,
m'inspirant du seul souvenir de votre vie si pure ; me

prévalant aussi de ces circonstances vraiment excep-
tionnelles qui ont accompagné votre mort (vous savez, mes enfants, qu'il fut frappé au soir du mois de
Marie, qu'il mourut au matin du mois du Sacré-
Cœur; à l'heure où toutes nos cloches sonnaient
l'appel de l'Angelus, et qu'enfin, sitôt mort, il put
ressentir le premier bienfait d'une vingtaine de
messes que ses maîtres offrirent tout de suite pour
lui); c'est pourquoi, dis-je, ô Bernard! je ne veux
plus vous chercher et vous voir qu'au ciel. De là-
haut où vous souriez à nos regrets et à nos douleurs,
abaissez sur tous ceux qui vous ont aimé ici-bas
votre doux regard, et priez pour eux.

Par ces prières d'abord, vous compenserez le secours que votre présence eût apporté peut-être aux
labeurs de votre vénérable père; vous vaudrez au
cœur de votre pauvre mère encore un peu de cette
joie de la vie qu'elle eût connue plus pleine si vous
eussiez vécu; vous soutiendrez dans la carrière où il
entre si heureusement et où il rêvait de vous avoir à
ses côtés votre frère si aimé; vous obtiendrez à tous
les vôtres consolations dans leur tristesse et vail-
lance dans leur vie religieuse et chrétienne. Par ces
prières encore, vous ferez vivre parmi vos condisciples quelque chose de votre esprit si élevé, de votre
cœur si charitable, de votre amour si généreux du
devoir, quelque chose aussi de ce sérieux qui vous

aurait accompagné dans la retraite qu'ils commenceront ce soir. Par ces prières enfin, ô Bernard ! vous nous obtiendrez de Dieu, à nous tous qui fûmes vos maîtres et qui voudrions, s'il était possible, nous mettre à votre école, illuminé que vous êtes désormais des splendeurs sans ombre de l'éternelle Vérité, de ne jamais dégénérer de la noblesse de notre vocation, mais d'en soutenir au contraire la dignité, en continuant à former, maintenant dans notre exil, et bientôt s'il se peut sur le sol retrouvé de la patrie, beaucoup de jeunes gens qui vous ressemblent. Ainsi, travaillant comme vous eussiez tant voulu le faire, pour le meilleur service de Dieu, de l'Eglise et de la France, triple objet que nous enveloppons comme vous dans un amour unique, pourrons-nous espérer d'aller vous retrouver un jour dans l'éternelle félicité.

Ainsi soit-il.

LES ANGES AU COURONNEMENT DES ÉLUS

Les Anges déroulent une banderole où sont rappelées les huit béatitudes, c'est-à-dire les huit promesses faites par Jésus-Christ à ses disciples dans le Sermon sur la montagne. — Fresque de H. Flandrin, dans l'église Saint-Vincent-de-Paul, à Paris.

LA BÉATITUDE ÉTERNELLE

« Bienheureux ceux qui pleurent, parce qu'ils seront consolés. »

Couronne de lumière d'Aix-la-Chapelle, douzième siècle.

9 782329 520599